Amore! Dass es einfach sei mit der Liebe, wird niemand behaupten. Aber dass es meist anders kommt als erwartet, davon können die italienischen Autorinnen und Autoren ein Lied singen, und zwar in den ergreifendsten Tönen, die die geneigte Leserin und den verliebten Leser mitfiebern lassen. Und am Ende begeistert nicken lassen: ja, so, genau so ist es, mit der Liebe.

AMORE!

Italienische
Liebesgeschichten

Verlag Klaus Wagenbach   Berlin

INHALT

FRANCESCA MELANDRI
Gerda und Vito

Wenn Gerda und Vito sich später gemeinsam daran erinnerten, wie sie sich zum ersten Mal gesehen hatten, und ihre ersten Eindrücke voneinander verglichen, merkten sie, wie unterschiedlich sie diese Begegnung wahrgenommen hatten.

Als Vito sie sah, war sein erster Gedanke, das Weite zu suchen. Gelegenheit dazu hätte er gehabt, denn sie hatte ihn noch nicht als Genoveses Vertreter ausgemacht, ja sie wusste nicht einmal, dass er einen Ersatzmann geschickt hatte. Die ist zu schön für mich, dachte Vito. Nicht schön in dem Sinne, wie ein gesundes Mädchen mit einem wohlgestalteten Körper und einem ansprechenden Gesicht eben als schön gilt. Sondern so schön, dass es schmerzte, dass man sich nach ihr sehnte, selbst wenn sie direkt vor einem stand, so schön, dass man die Arme um sie legen und es einfach nicht zulassen wollte, dass ihr irgendetwas oder irgendjemand auf der Welt etwas zuleide tat.

Als Gerda ihn hingegen sah, oder genauer, den fremden Carabiniere in Uniform, der am Personalausgang auf sie wartete, verspürte sie einen Krampf im Magen. Sicher war wieder etwas Schlimmes geschehen, und der Mann kam, um ihr die traurige Nachricht zu überbringen. Mit Peter konnte es diesmal nichts zu tun haben. Der war tot. Aber mit Eva. Was konnte geschehen sein?

Unterdessen hatte Vito dem Drang davonzulaufen widerstanden. Der Sottotenente Colonnello Genovese, sagte er zu ihr, lasse sich vielmals entschuldigen, er bedaure unendlich, die Verabredung nicht wahrnehmen zu können, aber er sei verhindert. Sollte sie jedoch mit einem Ersatz für eventuelle Abendbelustigungen vorliebnehmen wollen, so erkläre er sich höflichst dazu bereit. Er benutzte die steifen Formulierungen eines Offiziersrapports, aber in seiner Brust herrschte Aufruhr. Während er sprach, schlug sein Herz im Brustkorb so aufgeregt wie die Flügel eines frisch gefangenen Paradiesvogels im Käfig.

Erst jetzt nahm Gerda zum ersten Mal an Vito Eigenschaften wahr, die über die Erkenntnis, dass er nicht Genovese war, hinausgingen. Seine Figur war ganz ähnlich wie die des Neapolitaners: Auch er war klein, dunkelhaarig und besaß die ausgeprägte Nase antiker Seefahrervölker. Doch vom

Charakter her hätten sie von verschiedenen Kontinenten stammen können. So laut und exaltiert Genovese war, so ernsthaft und zurückhaltend schien dieser Mann, dessen Blick im Übrigen auf ihrem Gesicht ruhte und nicht auf ihren Brüsten oder ihren Hüften unter dem enganliegenden Kleid.

Sehr enttäuscht war Gerda nicht. In gewissem Sinne war es abgemacht, dass Genovese irgendwann wieder aus ihrem Leben verschwinden würde, und eigentlich war er sogar schon länger als erwartet bei ihr geblieben. Sich den Abend verderben zu lassen passte nicht zu ihr, und so willigte sie ein, sich von Vito ausführen zu lassen.

Auch was diesen Abend betraf, stimmten ihre Wahrnehmungen später nicht überein. Vito behauptete, er habe sie noch zum Essen in die Trattoria beim Ponte Druso eingeladen; Gerda war sich dagegen sicher, dass sie sofort tanzen gegangen seien. Tatsächlich blieben nicht viele Bilder von diesen ersten Stunden ihres Zusammenseins in ihrem Kopf zurück. Sie wusste weder, welche Stücke die Tanzkapelle gespielt hatte, noch, wie ihr erster Tanz verlaufen war. Wahrscheinlich trat er ihr dabei auf die Füße, aber das war keine Erinnerung, sondern eine Schlussfolgerung: Ein guter Tänzer war Vito nie gewesen. Jedenfalls behielt Gerda nicht viel in Erinnerung von den Dingen, die der

Carabiniere tat oder sagte. Was sie aber umso mehr beeindruckte, war das, was er unterließ.

Seine Hände, die sie bei den langsamen Tänzen umfingen, verzichteten darauf, Zentimeter um Zentimeter ihren Rücken hinunter in Richtung Pobacken zu wandern. Und nach dem dritten Bier versuchte er auch nicht, ihren Busen zu berühren. Nein, er trank es gar nicht, dieses dritte Bier, sondern beließ es bei einem. Als er sie nach Hause brachte, erwartete Gerda, dass er sie an der Tür küssen würde, doch dann stand er nur da, steif wie ein Wachsoldat, und ließ die Arme an den Seiten herunterhängen. Und tatsächlich war Vito den ganzen Abend wie auf Wache gewesen, denn nur so hatte er sich davon abhalten können, Gerda gleich auf der Tanzfläche zu lieben.

Und so war sie eigentlich ein wenig enttäuscht, als sie dann auf ihr Zimmer unter dem Dach ging und sich auszog. Ganz offensichtlich hatte sie dem Brigadiere Anania nicht besonders gefallen.

Als er Gerda zum zweiten Mal traf, sagte Vito zu ihr:

»Deine Augen sind schön und traurig.«

Die schönen Augen weiteten sich vor Erstaunen. Bislang hatte sie von Männern nur zu hören bekommen: Ach, Gerda, du bist immer so fröhlich, so lebendig, ja, du verstehst es, dich zu amüsieren. Dass sie traurig sei, nein, das hatte noch nie jemand zu ihr gesagt.

Erst jetzt, da Vito von ihrer Traurigkeit sprach, dachte Gerda darüber nach. Sicher, ein Teil von ihr war traurig, seit Jahren schon, aber sie hatte es gar nicht richtig gemerkt. Wie konnte er davon wissen?

In der ersten Nacht, die sie zusammen verbrachten, drang er nicht in sie ein. Als er ihren nackten Körper sah, war er dermaßen überwältigt, dass sich nichts bei ihm regte. Vor jeder anderen Frau hätte er sich dafür geschämt. Vor Gerda nicht. Er spürte ein unerklärliches Vertrauen, dass sich alles so entwickeln würde, wie es sein sollte, und dass sie keine Eile hatten. Sie schlief ein, und er hielt sie bis zum Morgengrauen in den Armen und konnte sein Glück nicht fassen.

Als sie sich das nächste Mal sahen, sagte er zu ihr: »Du verhakst die großen Zehen.«

Sie saßen in einer Bar, und er stützte die Ellbogen auf die Tischplatte auf, zeigte ihr die Handflächen und steckte einen Daumen in die Vertiefung neben dem anderen.

»Siehst du? So machst du. Wenn du auf der Seite liegst.«

Gerda musste einen Moment überlegen. Sie bewegte die großen Zehen in den Schuhen, damit sich ihr Körper besser erinnerte, und tatsächlich, es stimmte: Wenn sie auf der Seite lag, steckte sie immer den großen Zeh in die Lücke zwischen dem anderen großen Zeh und dem danebe. Sie tat das schon immer, ohne es sich bewusst zu machen. Wer war dieser Mann, der sie zu kennen schien, seit sie ein kleines Mädchen war?

In dieser Nacht versank Vito in ihr wie ein Taucher im Wasser und entdeckte die verborgensten Schätze der Lust. Gerda hatte nie jemandem gezeigt, was dort alles zu finden war, auf dem Grund ihres Meeres.

GIANNI CELATI

Geschichte einer Rennfahrerin
und ihres Verehrers

Im Jahr 1924 wurden die Teilnehmer des Giro d'Italia, von der mörderischen Strecke beinahe aufgerieben, nur dreißig von neunzig gestarteten Rennfahrern schafften es, das Rennen bis zum Schluss durchzuhalten, nachdem sie sich über dreitausendfünfhundert Kilometer auf staubigen Straßen abgestrampelt hatten. Am Ziel wurde der Sieger vom Beifall der Menge empfangen, aber einen noch herzlicheren Beifall bekam der Verlierer, der letzte Rennfahrer, der in Mailand eintraf, obwohl er mehrere gefährliche Stürze hinter sich hatte, obwohl er in einer Etappe im Gebirge aus dem Rennen ausgeschieden war, weil er die vorgesehene Zeit überschritten hatte, obwohl ihm keine andere Fürsorge zuteilgeworden war als die zwei Mahlzeiten pro Tag, welche ihm die Reifenfirma stiftete, deren Name auf seinem Trikot stand, und schließlich, obwohl dieser Rennfahrer eine Frau war.

Die Zeitungen nannten sie »die Rennfahrerin«; sie war ein kleines, kräftiges Mädchen, das aus einer Bauernfamilie stammte und als einzige Frau in der Geschichte des Radsports bei den offiziellen Rennen mit den sogenannten Meistern der Pedale, normalerweise Männer, konkurrieren konnte.

Ein Photo aus der damaligen Zeit zeigt sie in einer riesigen, bis zum Knie reichenden Turnhose, wie sie über die Lenkstange eines Rennrades gebeugt einen Feldweg entlangfährt, wo ihr eine Schar barfüßiger Fans zujubelt. Sie hat ein rundes Gesicht mit stark ausgeprägtem Hinterkopf, kleinen Augen und einer sehr breiten Stirn, kurz geschnittenes, zurückgekämmtes Haar; dicke Waden, kräftige Arme und breite Schultern; ihr Lächeln ist wie ein Halbmond, der an beiden Enden unter den hervorstehenden Wangen verschwindet.

Dieses Photo hängt in der Werkstatt eines Flickschusters von Adriano Polesine, der jahrelang Höllenqualen litt, weil er in wahnsinniger Liebe zur Rennfahrerin entbrannt war.

Im Alter von zwölf Jahren war er mit seinem Vater nach Mailand gezogen; dort hatte er Abendkurse für das Zuschneiden von Schuhen besucht und bei einem nationalen Wettbewerb für kreative Modelle von Damenschuhen den ersten Preis gewonnen. Er interessierte sich zwar nicht besonders für Sport, aber je mehr er in den Zeitungen über die Rennfahrerin las, desto mehr erwärmte er sich für ihre Unternehmungen; und als jener mörderische Giro d'Italia zu Ende war, glückte es ihm, sich zu einem Festessen, das zu Ehren der Rennfahrerin veranstaltet wurde, einladen zu lassen und sie endlich kennenzulernen.

Die Rennfahrerin war mit einem Ziselierer verheiratet, der sie, als sie fünfzehn war, aus ihrer Familie herausgeholt hatte, wo man nie zugelassen hätte, dass eine Frau einen so männlichen Sport trieb; er hatte ihr die Freiheit gegeben, die sie für die Laufbahn einer Rennfahrerin brauchte.

Nachdem der Modellschuster sie bei dem Festessen eine Stunde lang angeschaut hatte, verliebte er sich in sie und erklärte sich ihr sofort. Die Rennfahrerin konnte diese Erklärung nicht annehmen, denn sie war mit dem Ziselierer glücklich verheiratet, und wies daher den Schuster auf grobe Weise ab.

Am nächsten Tag ließ ihr dieser ein von ihm kreiertes und eigenhändig zugeschnittenes Paar Damenschuhe bringen, aber sie schickte es ihm mit folgender Botschaft wieder zurück: »Mich interessieren nur Fahrräder.«

Weil die Rennfahrerin durch den mörderischen Giro d'Italia internationalen Ruhm erworben hatte, rief man sie nach Paris. Hier war sie eine Zeitlang,

15

stets im Wettstreit mit den männlichen Kollegen, auf den Radrennbahnen zu sehen, und hierher kehrte sie auch zurück, als ihr Ehemann gestorben war.

Der Modellschuster, der zur selben Zeit bei einer internationalen Ausstellung von Damenschuhen in Paris eine Auszeichnung bekommen hatte, begab sich eilends in die französische Hauptstadt, um der Rennfahrerin einen Heiratsantrag zu machen. Nach vielen vergeblichen Versuchen, mit ihr in Verbindung zu treten, schrieb er ihr einen Brief und schickte ihr als Geschenk die von ihm kreierten Stiefelchen, für die er die begehrte Auszeichnung bei der Pariser Ausstellung bekommen hatte.

Am Abend schloss er sich in sein Hotelzimmer ein und wartete auf Antwort. Die Antwort kam sofort in Gestalt des einen Stiefelchens, das man ihm zurückerstattete (wo das andere verblieben ist, weiß man nicht), und mit der gewohnten Botschaft: »Mich interessieren nur Fahrräder.«

An jenem Abend packte den Modellschuster, als er allein in seinem Hotelzimmer saß, die Verzweiflung; da kochte er das Lackstiefelchen, das man ihm zurückerstattet hatte, und verzehrte es Stück für Stück.

Die Rennfahrerin heiratete bald darauf wieder, diesmal einen Rennfahrer, einen Weltmeister im 500-m-Fliegerrennen, und mit ihm zusammen trat sie noch eine Zeitlang auf den französischen Rennbahnen auf. Dann kehrte sie nach Italien zurück und eröffnete mit ihrem Ehemann in Mailand eine Reifenwerkstatt.

Als auch ihr zweiter Mann starb, führte sie das Geschäft allein weiter; um mit der Welt des Radsports in Verbindung zu bleiben, reparierte sie Reifen und verfolgte die Rennen ihrer Schützlinge.

Eines Tages tauchte der Modellschuster wieder bei ihr auf, er war jetzt kein Modellschuster mehr, denn er hatte diesen Beruf inzwischen an den Nagel gehängt und war zu Fuß durch ganz Europa gewandert, bis hinauf nach Belgien und Holland, unterwegs hatte er auf dem Land Schuhe repariert und war schließlich wegen Landstreicherei verhaftet worden.

Noch einmal machte der ehemalige Modellschuster, jetzt gewöhnlicher Flickschuster, der ehemaligen Rennfahrerin einen Heiratsantrag. Und auch diesmal wies sie ihn ab und behandelte ihn sehr grob, weil ihn Schuhe mehr interessierten als Fahrräder; einen solchen Mann konnte sie nicht zum Gatten nehmen.

Wenn sich die ehemalige Rennfahrerin nun auch schon seit Jahren von den Rennen zurückgezogen hatte, genoss sie doch immer noch eine gewisse Popularität in den Kreisen des Radsports, von dem sie sich bis zum Tage ihres Todes nicht zu trennen beabsichtigte. Auf einem schweren Motorrad folgte sie jedem Rennen, an dem ihre Schützlinge teilnahmen; so hielt sie es, solange sie lebte, und fuhr mit dem schweren Motorrad bis zum Tage ihres Todes im Alter von 68 Jahren.

Der ehemalige Modellschuster, nun Flickschuster in einer Kleinstadt im Podelta, ging zu ihrer Beerdigung.

ELSA MORANTE
Die Katastrophe

An diesem selben Abend wollte ich zum Essen aufstehen. Ich war noch ein wenig unsicher auf den Beinen und hatte einige Mühe, die Treppe hinunterzugehen. Als ich aber nach dem Abendessen wieder hinaufstieg, fühlte ich mich schon kräftiger, und am folgenden Tag erhob ich mich ganz allein in der ersten Morgenfrühe, voll Ungeduld und Hunger. Meine Krankheit war vorüber; es blieb nichts weiter davon zurück als eine Art Trunkenheit, die meinen Schritten einen Schwung und einen tänzerischen Rhythmus verlieh. Die ersten Laute des Tages, die von draußen durch die kühle Luft widerhallten, schienen mir in wundervoller Gedämpftheit zu antworten wie die Akkorde eines Orchesters, das mich begleitete. Und als ich ins Freie auf die Terrasse hinaustrat, verstärkte sich diese flüchtige Empfindung und durchdrang das weite Rund der morgendlichen Landschaft. Der große Schauplatz meines Selbstmordes schien mich mit einem freundlichen und erheiterten Erstaunen zu empfangen, gerade so, als hätte ich dort eine tragische Pantomime aufgeführt, nach welcher ich mich jetzt galant und wiedergenesen von neuem auf der Bühne zeigte. Aber dann mit der aufgehenden Sonne wich diese berühmte Pantomime nach und nach in eine immer fernere Zeit, fast in ein Kindheitsalter der Welt zurück. Das jauchzende Geschrei von Carmine war zu vernehmen, der auf ihrem Arm die Treppe herunterkam, und als ich ihn hörte, dachte ich nicht einmal mehr daran, dass er in prähistorischen Zeiten mein Rivale hatte sein können.

Ich weiß nicht, welche plötzliche Laune mir in diesem Augenblick riet, mich hinter der äußersten Ecke des Hauses zu verstecken. Sie musste sich beim Herunterkommen gewiss verwundern, die Fenstertür geöffnet und niemanden in der Küche oder auf der Terrasse zu finden, und ich hörte, dass sie Carmine in der Küche ließ und wieder nach oben stieg, sicherlich um festzustellen, ob ich tatsächlich schon aus dem Bett aufgestanden und hinausgegangen war zu dieser so frühen Morgenstunde. Nach einer Minute kehrte sie nach unten zurück und begab sich zögernd auf die Terrasse. Es kam ihr nicht in den Sinn, hinter der Ecke zu suchen; stattdessen lenkte sie ihre Schritte dem Abhang zu, der zum kleinen Strand hinunterführt, und begann zu rufen: »Arturo, Artu!«, ohne Antwort zu erhalten.

Sie hatte ein rotes Kleidchen an und ging gänzlich barfuß, wie sie es sich angewöhnt hatte in den Tagen, als sie mich pflegte.

Zu dieser morgendlichen Stunde warf die Mauer noch ihren langen Schatten auf die Terrasse, nur der letzte Streifen, wo sie stand, wurde schon von der Sonne erreicht, die hinter dem Hause heraufstieg, und ihre nackten Beine bekamen in diesem rosigen Licht eine unschuldige Farbe, die mir sonderbarerweise ein Lachen einflößte. Sie tat ein paar Schritte und forschte hierhin und dorthin mit der besorgten Miene einer Katzenmutter; die Löckchen und die Röckchen flatterten im Wind. Und wiederum schickte sie sich an, von der Höhe des Abhangs nach mir zu rufen. Mit einem Mal nahm ich einen Anlauf. Und sie von hinten einholend, sagte ich zu ihr: »Da bin ich!«

Sie schreckte vor Überraschung zusammen, drehte sich freudig um und sagte ein wenig vorwurfsvoll: »Wo warst du denn nur? Du strolchst schon wieder herum!«

Darauf, vielleicht verwirrt durch eine gewisse Forschheit in meinem Gebaren, schaute sie mich wieder an und murmelte: »Artu, in diesen wenigen

Tagen bist du größer geworden ...« Bei diesen ihren Worten (sei es, dass ich während der kurzen Krankheit tatsächlich um ein weiteres Stückchen gewachsen war, oder sei es vielmehr, dass sie, ohne Schuhe, wie sie war, mir kleiner vorkam als gewöhnlich) wurde ich jetzt zum ersten Mal gewahr, dass ich sie nun an Größe überragte. Dies erschien mir als ein Zeichen meiner stolzen und überlegenen, frohlockenden Macht, und indessen wich sie unmerklich vor mir zurück: es war, als wenn sie mir eingestünde, dass das Herz ihr heftig klopfte ... Unvermutet drückte ich sie an mich und küsste sie auf den Mund.

Ihre Lippen hatten einen kühlen, märzhaften Geschmack, und die erste Empfindung, die sie mir gaben, schien mir nicht sehr viel anders als jene, die man verspürt, wenn man auf einen Grashalm beißt oder Meerwasser kostet. Mein Gedanke in diesem ersten Augenblick war: ›Also, jetzt weiß auch ich, was Küsse sind! Dies ist mein erster Kuss!‹ Und ein solcher Gedanke, vermischt mit einem etwas neugierigen, überraschten und leicht unzufriedenen Ruhmgefühl, lenkte mich fast von ihr selber ab. Obschon sie meinen Kuss nicht erwiderte, versuchte sie anfangs auch nicht, sich ihm zu entziehen, so verwirrt war sie in ihrem wehrlosen Schrecken. Ich fühlte, wie sie zwischen meinen Lippen stammelte: »Artu«, als ob sie mich nicht wiedererkenne; sie klammerte sich seltsamerweise an mich, wie um mich selbst um Hilfe zu bitten, während ich in einer Art verwegener Bejahung sie nur noch fester an mich drückte und meine Lippen gegen die ihren presste.

Rings um ihre sanft gewordenen Lider hatte sich eine schwache und erschrockene Blässe gebreitet. Ihre Lippen, zu Anfang so kühl, waren brennend geworden. Und nun spürte ich auf meinem Mund einen Wohlgeschmack von blutvoller Süße, der in einem einzigen Moment alle Gedanken in meinem Sinn zerstörte. Plötzlich sagte meine Stimme: »Nunziata! Nunziaté.« In diesem selben Augenblick aber riss sie sich von mir los in einer stürmischen Auflehnung und begann verneinend den Kopf zu schütteln auf eine zarte und bestürzte, fieberhafte Weise.

Eine Minute lang stand sie so da, einen Schritt von mir entfernt, als ob sie träumerisch und noch nicht wissend ein Geheimnis befrage; ihr Lockenkopf aber (der mir niemals so engelhaft schön erschienen war) beharrte auf seiner wilden Verneinung, und ihre Augen mieden mich schon voll Schuld und Entsetzen. Nun verwirklichte sich also mein einstiger Ehrgeiz: ihr ebenfalls Angst zu machen, nicht weniger als mein Vater! Es entging mir jedoch nicht (wenn auch noch rätselhaft für mein Unbewusstsein), dass zwischen diesen beiden Ängsten eine Ungleichheit bestand.

Ihre Angst vor meinem Vater, die ich beständig in meiner Erinnerung hatte, war eine Beklommenheit, welche ihr alle Glieder erstarren machte, während ihre gegenwärtige Angst (von neuer und seltsamer Art, die ich niemals zuvor an ihr gesehen hatte) sich in sich selbst zu widersprechen und in diesem Widerspruch zu brennen schien. In demselben Augenblick, da ihr verzweifelter Wille meinen Kuss verweigerte, flehte ihr Körper (der sich mir unerwartet zu erkennen gab, als hätte ich ihn nackt gesehen) mich im Gegenteil an, sie noch einmal zu küssen! Dieses pochende, wilde Flehen durchbebte all ihre Glieder, von den rosigen Füßen bis zu ihren Brüsten, die spitz unter dem Pullover hervortraten. Und in ihren verängstigten Augen zuckte noch jener feuchte, wunderbare, von azurblauem Dunst getönte Blick, den ich kurz zuvor, als ich sie küsste, flüchtig darin gesehen hatte. Ich rief abermals: »Nunziata! Nunziaté!« und ich war im Begriff, zu ihr hinzulaufen. Doch sie, als sie ihren Namen von meiner Stimme gerufen hörte, antwortete nur mit einem Schrei voller Erschrecken, teuflisch und brutal. Dann bedeckte sie ihr Gesicht und rief in einer mitleidlosen Gewissheit, fast als täte sie einen heiligen Schwur: »Nein, nein, mein Gott!«

Und einen geradezu widernatürlichen Blick voll gläserner Strenge auf mich richtend, floh sie vor mir wie vor einem Feind.

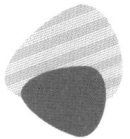

ALBERTO MORAVIA

Hirngespinst

Den ersten Fehler habe ich begangen, indem ich an ihn glaubte, an ihn, den ich lange Zeit meinen Mann nannte, obwohl er es dem Gesetz nach gar nicht war. Als Emilio mich bat, mit ihm zusammen zu leben, schlug ich schüchtern vor, unsere Situation zu normalisieren, wie man sagt: das heißt zu heiraten. Er entgegnete mit didaktischem Geschick: »Ehe, legitime Vereinigung, das sind Worte. Die Dinge sind aber nur durch Kategorien benennbar. Unsere Verbindung gehört zur Kategorie der illegitimen Verbindungen; sie ist gar nicht benennbar, weil es nicht eine einzige Sache gibt, die einer anderen ähnlich wäre. Also gibt es kein Wort, das unsere Beziehung exakt bezeichnen würde; es gibt nur die Beziehung, das heißt die Sache. Deshalb zählen Worte nicht. Allein die Sache zählt, dass wir uns lieben und zusammen leben.«

Emilio ist ein Verstandesmensch; seine Schlussfolgerung hat mich eingeschüchtert. Wenn nur die

Sachen zählen und die Worte lediglich die Kategorien betreffen, dann hatte ich – es ist angebracht, das zu sagen – nichts einzuwenden. So lebte ich also mit Emilio zusammen, in einem alten Haus des päpstlichen Rom; in einer Wohnung, vollgestopft mit Büchern und nach Norden gelegen, ohne einen Sonnenstrahl. Ich schlief mit Emilio, aß mit Emilio, ging mit Emilio aus, lebte mit Emilio, aber ich war nicht Emilios Frau. Ich war jedoch, wie er meinte, auch nicht die Geliebte, die Freundin, die Gefährtin, die Komplizin oder dergleichen. Da nur die Sachen zählen, war ich eine sogenannte Sache, die nach den Worten Emilios zwar nicht eigentlich benannt, aber definiert werden könnte, indem man sie erschöpfend beschrieb. Kann man aber einen Menschen erschöpfend beschreiben? Nach Emilios Meinung würden nicht einmal die drei Millionen Bände der Nationalbibliothek ausreichen.

Eines Tages, als Emilio ausgegangen war, rief Edgardo an, sein bester Freund. Er fragte, ob Emilio da sei, ich antwortete, er sei nicht da, und nun sagte er rasch: »Dann komme ich rauf.« Dieses »dann« überraschte mich. Trotzdem nahm ich eine passende Haltung ein: auf dem Diwan in einer Ecke des Salons, ein Buch in der Hand.

Edgardo brachte mir gleich bei, was er mit diesem »dann« gemeint hatte. Er kam herein, und nach wenigen einleitenden Worten warf er sich mir zu Füßen und umschlang meine Beine. Da ich mich, vor Überraschung gelähmt, nicht rührte, glitt seine Umarmung an mir herauf, von den Hüften zur Taille, von der Taille zur Brust. Das letzte, was ich fühlte, waren seine Lippen auf den meinen. Dann stieß ich einen Schrei aus, drängte ihn weg und flüchtete. Edgardo verfolgte mich. Von einem Zimmer zum anderen in dieser Art Bibliothek, die meine Wohnung war, ging die wilde Jagd, bei der wir im Vorbeilaufen Bücherstapel und Zeitschriftenstöße umrissen. Schließlich zwängte Edgardo mich in eine Ecke zwischen zwei Bücherregalen und küsste mich wieder, diesmal leidenschaftlich. Ich könnte heute nicht beschwören, dass ich den Kuss nicht ein bisschen erwidert hätte. Aber da ich eine temperamentvolle Frau bin, war ich erst einmal wütend. Edgardo ging mit den unverschämten Worten: »Immer wenn ich wiederkomme, wird es so sein wie heute, damit du es weißt.« Ich antwortete ihm nicht. Mit zorngeschwollenem Herzen wartete ich auf Emilios Rückkehr.

Kaum hörte ich, dass die Tür geöffnet wurde, da stürzte ich in den Flur. »Dieser Edgardo ist ein schöner Freund!«

»Was hat er denn gemacht?«

»Er hat sich als Schuft erwiesen!«

Emilio breitete beide Hände zu einer Predigergeste aus, als wollte er sagen: Frieden, Frieden. Er hängte den Hut an die Garderobe, wickelte sich den Schal vom Hals, steckte ihn in die Tasche des Mantels, den er ebenfalls aufhängte, und stellte den Regenschirm in den Schirmständer. Dann ging er, klein, birnenförmig und mäßig würdevoll, mir voran in sein Arbeitszimmer. Er setzte sich hinter den Schreibtisch, gut gedeckt von einem Bollwerk aus unaufgeschnittenen Büchern, und bat mich, ihm zu erzählen, was geschehen sei.

Ich tat es voller Wut, verschluckte Wörter, war atemlos, außer mir. Er hob von neuem die Hände. »Ruhig, ruhig. Edgardo ist kein Schuft. Er hatte nur einen schwachen Moment.«

»Ach, er ist kein Schuft?«

»Nein. Schuft, schau, ist eins der Wörter, die man lieber vermeiden sollte.«

»Aber das, was er getan hat, ist schuftig.«

»Die Dinge existieren nicht, nur die Wörter existieren, und deshalb muss man sie mit Vorsicht gebrauchen.«

Ich war so verblüfft, dass ich einen Augenblick kein Wort herausbrachte. Das war genau das Gegenteil von dem, was er mir seinerzeit gesagt hatte, um mich zu überreden, mit ihm zusammen zu leben. Er fuhr fort: »Warum glaubst du, dass man in den Großstädten heutzutage so schlecht lebt? Weil sich die Menschen, da sie die metaphorische Bemerkung ›Das Leben ist ein Dschungel‹ zu oft verwenden, schließlich tatsächlich wie wilde Tiere im Dschungel benehmen. Siehst du, wie wesentlich die Wörter sind?«

»Aber wenn das Wort da ist, dann bedeutet das doch, dass vor dem Wort die Sache da war.«

»Irrtum. Es gibt zum Beispiel das Wort ›Hirngespinst‹; aber die Sache hat es nie gegeben.«

»Emilio, dein bester Freund hat versucht, mich zu küssen.«

»Die Wörter sind alles, die Dinge existieren erst, wenn man sie benennt. Auch der Gedanke existiert erst von dem Moment an, da wir mit Wörtern denken. Der Satz: ›Edgardo hat mich geküsst‹ könnte theoretisch einer Sache entsprechen; aber er könnte auch einem glatten Nichts entsprechen. Wie die Formulierung: ›Der derzeitige König von Frankreich‹, die die Existenz eines heutigen Königs in Frankreich voraussetzt, der aber in Wirklichkeit, wie jedermann weiß, nicht existiert.«

Er sprach ernsthaft, ruhig, überlegen. Ich lief in ein kleines Zimmer, in dem er alle seine Wörterbücher und Enzyklopädien aufbewahrte, zog den Band »S« eines Konversationslexikons hervor, suchte und fand die Seite, dann kehrte ich zu ihm zurück und las ihm laut vor: »Schuft: Mensch jedweden Standes, auch Adliger und Edelmann, der sich aber nicht schämt, Taten zwischen gemein und unehrenhaft zu begehen.«

Er sagte: »Tatsächlich: Adlige und Edelleute. Ist es dir klar? Schuft ist das Überbleibsel eines Schiffbruchs.«

»Welchen Schiffbruchs?«

»Des Schiffbruchs einer Zivilisation, in der es Adlige und Edelleute gab und Schufte.«

»Und das Wort ›gemein‹, ist das auch das Überbleibsel eines Schiffbruchs?«

»Nur immer ruhig Blut.«

Ein paar Tage vergingen. Eines Nachmittags nutzte Edgardo wieder den Augenblick, als Emilio nicht zu Hause war, und war unverschämt genug, heraufzukommen. Ich wies das Dienstmädchen an, ihn in den Salon zu führen, öffnete ein Schubfach, nahm einen Revolver heraus und steckte ihn in die Tasche: Sollte Edgardo versuchen, mich zu küssen, dachte ich, dann erschieße ich ihn. Danach betrachtete ich mich im Spiegel. Ich bin sehr hübsch, habe einen Jungenkopf, mit feuchtschimmernden schwarzen Augen, Adlernase, stolzem Mund. Überrascht nahm ich in meinen Augen eine Erregung wahr, die mit Mordgier nichts zu tun hatte. Ich zog den Revolver wieder aus der Tasche, nahm ein Blatt Papier und schrieb darauf: »Schuft ist gleich Hirngespinst.«

Ich ging in den Salon. Edgardo saß in demselben Sessel, in dem sich Emilio nach dem Essen zum Lesen niederzulassen pflegte. Vielleicht drängte sich deshalb der Vergleich auf: hager, lebhaft, nervös, jugendlich – Edgardo; weiblich, fett, kraftlos, abgelebt – Emilio. Ich hielt das Blatt vor ihn hin, ohne ein Wort zu sagen.

Er las und fragte: »Was bedeutet das?«

Vor ihm stehend, antwortete ich: »Ich habe Emilio gesagt, dass du ein Schuft bist. Er hat erwidert, du bist ein Hirngespinst.«

»Das verstehe ich nicht.«

»Es soll heißen: Nicht die Dinge existieren, nur die Wörter. Schuft ist wie Hirngespinst: ein Wort, das einem Nichts entspricht. Also bist du ein Hirngespinst.«

Er sah mich liebevoll und launig an, ergriff meine Hand, zog mich, die jetzt Nachgiebige, auf seine Knie und sagte: »Dein Hirngespinst.«

So begann unsere Liebe, die noch immer andauert; und auch unsere Ehe, denn wir haben geheiratet. Aber ich will noch berichten, wie das Verhältnis mit Emilio geendet hat … Nach einiger Zeit ging Edgardo, und ich versprach ihm, so bald wie möglich in seine Wohnung zu kommen. Als

Emilio kam, trat ich ihm entgegen und fragte ihn: »Stimmt es, dass die Wörter die Dinge sind und dass es nur die Wörter gibt?«

»Das stimmt.«

»Also können wir sagen: der derzeitige König von Frankreich; und es macht wenig aus, wenn es in Frankreich keinen König gibt. Ist es nicht so?«

»Gewiss.«

»Schön, dann sage ich dir: Ich werde dich immer lieben.«

»Danke.«

»Und ich ziehe zu Edgardo.«

Er starrte mich mit offenem Mund an.

»Aber Leonetta, was sagst du da?«

»Ich sage zu dir: ›Ich werde dich immer lieben‹, und ich gehe fort. Was macht es, wenn ich fortgehe? Das ist eine Sache, das heißt, es existiert nicht. Wichtig ist das, was ich zu dir sage: Ich werde dich immer lieben. Für dich muss allein dies existieren.«

»Leonetta, um Gottes willen.«

»Ich gehe zu meinem Hirngespinst.«

»Zu welchem Hirngespinst.«

»Ich habe gesagt: Schuft. Du hast mir bewiesen, Schuft ist gleich Hirngespinst: es entspricht nichts Realem. Statt zu erklären: ›Ich will mit dem Schuft zusammen leben‹, kann ich ebenso gut sagen: ›Ich will mit dem Hirngespinst zusammen leben.‹

CAMILLA CEDERNA
Die nervige Geliebte

Geschieden, nicht hässlich, kein Talent zum Alleinsein, verliebt sie sich oft, und oft krallt sie sich einen, der mitmacht; aber jedes Mal wird sie nach wenigen Monaten unwiderruflich verlassen, weil Marco, Gianfranco, Luciano, Guido und Lorenzo einer nach dem anderen abziehen. Während die Rechtfertigungen variieren: »Ach, ich hab mich in eine Achtzehnjährige verliebt, unglücklicherweise muß ich jetzt in eine andere Stadt ziehen, glaub mir, eine kurze Zeit der Trennung tut uns beiden gut, ich war beim Arzt, der meint, ich sei ziemlich kaputt, erstes Rezept Tapetenwechsel, mit den Gewohnheiten brechen, bitte sei so lieb, nachher wird es für uns beide besser.« Aber das Nachher und das Besser kommen nie. Die Dame ist wieder mal allein, so geht sie wieder auf die Jagd. Und warum? Weil unsere Heldin zur Kategorie der nervigen Geliebten gehört, der allzu präsenten, ein Zwischending aus Mama, Krankenschwester und Heilsarmee, weg mit dem Glas, mein Schatz, diese Zigarette rauche ich für dich, du hast schon zweimal geniest, ich hol dir mal ein Zäpfchen.

Und außerdem, sie redet, redet, redet in jedem Augenblick, in ihrer Sucht, den Geliebten zu ergründen, besonders auf sentimentalem Gebiet: »Und die Blondine, von der du mir mal erzählt hast? Was, mit dem Ungeheuer hast du dich eingelassen? Nein, das musst du mir sagen, sonst erzähle ich dir auch nichts mehr von meinen Affären.« Leider erzählt sie trotzdem wieder von ihren Affären, wobei sie immer so tut, als wäre sie diejenige gewesen, die gegangen ist, aber wenn der Partner nicht blöd ist, versteht er immer, wie es gelaufen ist: »Da hat er sich zurückgezogen, der arme Kleine, jetzt müsste ich ihm nur ein Zeichen geben, aber das mache ich auf keinen Fall.« Oder sonst: »Da hab ich ihm die Meinung gesagt: Wenn du willst, geh ruhig, und er ist gegangen, und stell dir vor, was er gleich darauf macht, er sucht sich eine Frau aus, die haargenau so ist wie ich!« Oder auch: »Jetzt sag mal, wann hat das angefangen, dass ich dir gefalle, warum gefalle ich dir, und glaubst du, dass ich dir weiter gefallen werde? Was gefällt dir am besten an mir? Gibt es etwas, das dir nicht gefällt? Du kannst es ruhig sagen, ich bin nicht der Typ, der gleich beleidigt ist, was geht dir auf die Nerven an mir? Ich bin eine verständige Frau, weißt du, sprich nur.«

Doch ist es schwierig, ihr zu sagen, was einem an ihr nicht gefällt, denn sie würde es nie glauben. Schwierig, ihr zu sagen, dass man es verabscheut, wie sie dauernd sagt: »Verstehst du?«, »Machen wir es fest«, »Stört's dich, wenn ich mitkomme?«, »Aber wenn's dir nicht passt, vergiss es!« Äußerst schwierig, ihr zu sagen, dass man auf ihre Art Liebesspiel allergisch ist, ihre Taktik des forschenden Blicks, des mitwissenden Schweigens, der Entrüstung, der Rache, der gespielten Verzeihung, des häufigen, falschen Geschenks nicht leiden kann. (Er wird achtunddreißig und sie versteckt in der ganzen Wohnung achtunddreißig Geschenkchen: »Los, mein Lieber, nun geh mal schön auf die Jagd.« Und er sucht überall, verflucht dabei die kleinen Verpackungen, Schächtelchen, Päckchen, das letzte steckt natürlich zwischen Betttuch und Zudecke.)

Und die Anrufe? Wenn er in der Ferne ist, schrillt es jeden Morgen um Viertel nach acht: »Guten Morgen und einen schönen Tag!«; sonst pflegt sie ihn anzurufen, während er auf dem Klo einen Krimi liest, um ihm zu sagen, er müsse abspecken, sie habe nämlich ein paar kleine Wülste auf seinem Bauch entdeckt, die ihr sehr missfielen, oder auch, sie gehe jetzt weg, um eine Krawatte für ihn zu kaufen (oh, oh, das müsste sie wissen, dass er sich die Krawatten lieber allein aussucht), und »Wann sehen wir uns?« »Morgen«, lautet die müde Antwort. »Nein, morgen früh«, erwidert sie, »denn heute hast du ein paar Dinge gesagt, die nicht in der Schwebe bleiben dürfen.«

Schließlich hat es ein Mann satt, der schon länger die Dreißiger hinter sich hat, wenn er immer »Kindskopf«, »Mäuschen«, »mein Junge« genannt und erpresst wird: »Bitte sei nicht so launisch, sonst werde ich böse« oder: »Mach das nicht, sonst suchst du mich eines schönen Tages, und mir nichts dir nichts ist dein Eichhörnchen weg.« Eine leere Drohung, denn das Eichhörnchen ist immer an seinem Platz, und der andere läuft davon.

LEONARDO SCIASCIA
Besuch bei der Geliebten

Er ging am Fluss entlang und blieb gelegentlich stehen, um zu beobachten, wie das schlammige Wasser, die Zeit und sein Leben dahinflossen.

Als er bei ihr ankam, war er sehr müde. Nur eine Treppe mit niedrigen, alten und abgetretenen Stufen, aber für ihn war inzwischen jedes Treppensteigen beschwerlich. Merkwürdigerweise jedoch trieb die Atemnot den Schmerz in die Flucht. Er dachte, dass er darüber mit einem Arzt reden müsste. Vielleicht gab es eine Atemtherapie. Es wurde vieles entdeckt, verworfen, aufs Neue entdeckt und wieder verworfen. Die Natur hatte so wenige Elemente zur Verfügung und war doch fähig, Milliarden verschiedener Gesichter zu formen, ohne sich je zu erschöpfen.

Er läutete die Türglocke.

Von ferne die Noten eines Glockenspiels, das ihm schärfer als sonst in die Nerven schnitt. Sie kam wie üblich nach einigen Minuten, um ihm zu öffnen, im Morgenrock, den sie eben erst übergeworfen hatte. Das wusste er. Non andartene in giro tutta nuda. Er erinnerte sich, vor vielen Jahren in einem kleinen Theater in Rom, in der Via Santo Stefano del Cacco, wo sich sein Büro befand; er erinnerte sich an Franca Rame, die nicht etwa nackt auf der Bühne stand, sondern in einem undurchsichtigen Schlafrock. Zu jener Zeit wäre selbst die Durchsichtigkeit, ganz zu schweigen von der Nacktheit, ein Grund für einen seiner Kollegen gewesen, sich mit der dreifarbigen Schärpe, der Tricolore, zu gürten und anzuordnen, den Vorhang herunterzulassen. Heute nicht mehr. Heute zieht man sich mit Leichtigkeit aus, im Theater wie in der Realität. In seiner Jugend wurde die Nacktheit als Gipfel des Wahnsinns betrachtet: »Er läuft völlig nackt herum.« Grund genug, wenn einer nackt herumlief, für die Zwangsjacke, den Krankenwagen und die Irrenanstalt.

Sie zögerte einen Augenblick, erkannte ihn nicht gleich, und in ihrem Erstaunen sah er sich, wie in einem Spiegel, mit all diesen Gedanken, die man nicht wirklich Gedanken nennen konnte, die plötzlich und fast gleichzeitig aufblitzten. Es bereitete ihm ein sinnloses Unbehagen, fast so, als hätte sie sich mit Absicht eine ihrer üblichen Boshaftigkeiten erlaubt, die er einst so geliebt hatte. Er bedauerte einen Moment lang, zurückgekehrt zu sein, um sie zu besuchen.

»Endlich«, sagte sie. »Aber wo kommst du jetzt her? Was hast du die ganzen Monate gemacht?«

»Ich war in der Schweiz; ich hab' dir doch geschrieben ...«

»Eine Postkarte«, ergänzte sie trotzig. »Ja, eine Postkarte ... In den letzten Tagen war ich meist im Büro, zu viel Arbeit.«

»Und in der Schweiz?«

»Eine medizinische Untersuchung. Sehr anstrengend.«

»Und was hast du ...?«

»Nichts.«

Er las in ihren Augen, dass sie ihm das medizinische Nichts nicht glaubte; aber sie besaß genügend Klugheit und Feingefühl, vielleicht auch Liebe, um nicht weiter nachzuforschen. Zerstreut begann sie, über anderes zu reden: Dinge, die ihr widerfahren waren, seit sie sich nicht gesehen hatten, und unterdrückte den Vorwurf, dass er so lange weggeblieben war und sich nicht gemeldet hatte.

Er schaute sie an und suchte unter dem leichten Hausmantel den Körper, der ihm so vertraut war und den er jahrelang begehrt und geliebt hatte – am meisten vielleicht, als sie zu spüren begann, dass ihre Jugend dahinging und ihr Körper welkte; als sie sich wie von einer Ungerechtigkeit bedroht und beleidigt und missbraucht fühlte. In ihm war damals ein Gefühl der Zärtlichkeit entstanden, das die Begierde nährte und sie klar und durchsichtig machte. Begierde und Zärtlichkeit: völlig unbeschwert, nach der Leidenschaft der ersten Jahre, als ihre Treffen voller Schwierigkeiten waren und zu Missverständnissen und Verkrampfungen führten, aus denen sich Schmerz und Verzweiflung erhoben, wie ein Orkan. Als dann die Schwierigkeiten aufhörten, war auch die Leidenschaft am Ende. Nichts mehr von den Zweideutigkeiten und Besessenheiten, die ihr vielleicht gefielen; die er jedoch durchlitt, wie eine Krankheit, wenn die Zeit vom Fallen und Steigen des Fiebers und vom Wechsel zwischen Wachsein und Phantasieren eingeteilt wird. Sie trafen sich stets zum Vergnügen – zum Vergnügen der Körper, dem einzigen, dessen sie sich beide gewiss sein konnten, und mehr wollten sie nicht. Sie verreisten gemeinsam und zuweilen länger und weiter als geplant, doch auch das war in den letzten Jahren seltener geworden. Alles entfernte sich und war inzwischen weit entfernt. Geblieben war ihm ein Gefühl der Zärtlichkeit, das sich fast in Mitleid verwandelt hatte. Merkwürdig, wie jedes Gefühl, einerlei, ob es Liebe oder

Hass gewesen war, sich in Mitleid verwandelte. Noch merkwürdiger, wie die Erinnerung auch jene fernen Leiden und Verzweiflungen in Schönheit umformte. Alles log, auch die Erinnerung.

MICHELA MURGIA
Chirú

An unserem Tisch im Restaurant saßen noch weite-
re, aber ich erinnere mich an sie nur verschwom-
men, denn der Junge, der mir gegenübersaß,
begann sofort eine Unterhaltung, mit einer Selbst-
sicherheit, die für sein jugendliches Alter überraschend war. Mir fiel auf, dass er sehr wenig aß,
doch er hörte keinen Augenblick auf zu reden
und gewährte mir derart vertrauensvoll Einblick
in sein Leben, wie man es als Erwachsener selbst
Freunden gegenüber selten tut. Er war wie ein
Hochwasser führender Fluss: »Ich bin mit einem
Mädchen zusammen, sie heißt Anna, ich bin total
verliebt.« Dann senkte er die Stimme. »Das Prob-
lem ist, dass sie auch einen anderen mag. Aber
ich verzeihe ihr.« Daran, wie er seine Geduld und
sein Verständnis zur Schau stellte, merkte ich, dass
er Opfer dieser besonderen Spielart des Katho-
lizismus war, der alle Sackgassen des Lebens zu
vorzeigbaren Kreuzwegen macht. Er sprach mit

mir, als wolle er mich um Rat fragen, doch in Wirklichkeit versuchte er, in mir eine Komplizin zu gewinnen, jemanden, der ihn in dem Glauben unterstützte, besser zu sein als das Mädchen, das er zu lieben behauptete. Ich fand ihn niedlich wie ein Kätzchen, das mit seinem eigenen Spiegelbild kämpft, die Oberfläche zerkratzt, ohne sich selbst zu erkennen.

Sein längliches und noch unfertiges Gesicht unterschied sich nicht sehr von denen Tausender anderer Jugendlicher, die ich im Leben gesehen hatte: ein Schmelztiegel von im Werden begriffenen Gegensätzen, auf dem der Funke einer Identität aufleuchtete, die zwischen dem ›schon‹ und dem ›noch nicht‹ balancierte. Und doch hatte diese durchschnittliche Anmutung bei ihm einen eigenen und unausweichlichen Charakter, der mir nicht entging. Ein zarter Flaum befleckte stellenweise die Silhouette seines noch wenig definierten Profils, in dem noch kindliche Rundungen erkennbar waren, und zog sich schütter bis hoch zur Oberlippe, die so voll und üppig war, wie es keinem Mann gut zu Gesicht stand. Die Haut der Wangen war gesprenkelt von unregelmäßigen Pickeln, und er wurde ständig rot. Von diesem hormonellen Erdbeben verschont blieb allein die hauchfeine Haut der Augenlider, die weiß und glatt war, wie durch ein Wunder noch im Zustand der Kindheit gefangen. Die dunklen Augen, das einzig Schöne, das sich an ihm bereits manifestiert hatte, waren groß und lebhaft, und sie bewegten sich ständig mit einer schamlosen Neugier, ohne jegliche Affektiertheit. Die Wirkung dieses Blicks schien er noch nicht ermessen zu können.

»Denkst du, ich sollte Schluss machen?«

»Ich kenne dich erst seit zwei Stunden, ich würde mir nie erlauben, dir einen Rat in einer so delikaten Angelegenheit zu geben.«

»Du hast Recht, das war dumm.«

Während er sich selbst bezichtigte, lächelte er mir plötzlich zu, und ich ahnte, dass das Ende seiner Unschuld viel näher lag, als es scheinen mochte. Wahrscheinlich war dieses einstudierte Lächeln nicht die einzige Manipulation, die er bereits beherrschte. Jemand hatte ihm lange Zeit gestattet, sich so aus allen Situationen der Unzulänglichkeit zu retten. Ich wurde ein bisschen schärfer.

»Ja, das war dumm, genau wie dein Anspruch, dass sie dir auch in Gedanken treu sein muss. Ich glaube dir nicht, dass du nie an eine andere gedacht hast.«

»So ist es aber. Immer nur an sie.«

»Hast du nie einem Mädchen auf der Straße hinterhergeguckt? Nicht mal aus dem Augenwinkel?«

»Nein, ich bin treu.«

»Treu sind nur Hunde. Und die Carabinieri*.«

»Was sonst sollte jemand Verliebtes denn sein?«

»Verlässlich zum Beispiel. Das ist viel besser als treu. Das wirst du noch merken.«

»Ich möchte es gerne jetzt merken, diese Geschichte macht mich fertig, ich habe das Gefühl, dass ich ihr nicht genüge …«

»Du musst sie ja für ziemlich beschränkt halten, wenn du meinst, ihr Interesse an den Menschen könnte allein durch dich befriedigt werden. Ist sie der einzige Mensch auf der Welt, der dich interessiert?«

»Ja!«

»Und was tust du dann hier mit mir?«

Ich erwartete, ihn damit aus der Fassung zu bringen, doch das geschah nicht. Er nahm sich etwas Zeit für die Antwort, dann sagte er: »Ich weiß es nicht, aber vielleicht verstehe ich es, wenn ich dich noch einmal wiedersehe.«

Diese Chuzpe ließ mich wachsamer werden, ich wandte den Blick von seinen Augen ab und richtete ihn stattdessen auf die nächtlichen Farben der Stadt. Die Tafelrunde fand draußen statt, und

---

*Motto der Carabinieri: ›Nei secoli fidele.‹
›In Jahrhunderten treu.‹

der Wehrgang der Bastion vor uns wimmelte von Menschen. Die Fundamente Cagliaris stehen auf dem Kopf wie die einer Stadt im Himmel. Alles, was daraus emporragt, ist aus robustem Stein und scheint nach den Wolken zu greifen, doch sie ruht auf einem Unterbau von Kalksteinhöhlen, karstigen Hohlräumen und dem Echo von Wasser. Sie ist schön, nicht nur bei Nacht, aber wenn es Abend wird, mildert die Dunkelheit der Stadt ihre scharfen Linien und verleiht ihr das Ungefähre noch nicht enttäuschter Versprechungen. Mit zwanzig Jahren habe ich sie gehasst, doch jetzt, an der Schwelle zur vierzig, kann ich nicht genug von ihr kriegen. Als ich mich wieder dem Jungen zuwandte, sah ich, dass er nervös an seinem Hemdkragen spielte, offenbar peinlich berührt von seiner Tollkühnheit.

»Entschuldige. Ich bin ein Idiot.«

»Ein Idiot nicht. Ein bisschen naiv vielleicht.«

»Was ist denn daran naiv, dass ich gerne noch einmal mit dir sprechen möchte?«

»Ich wüsste nicht, worüber.«

»Das weiß ich auch nicht. Über alles.«

Während der Rest der Tischgenossen sich in einem unverständlichen allgemeinen Gemurmel auflöste, blickte ich ihn an. Er saß eingefaltet auf seinem Stuhl, in einer unharmonischen und schiefen Haltung, der seiner Magerkeit nur ein prekäres Gleichgewicht verlieh, doch der Blick, mit dem er mich ansah, war fest, und in seiner Stimme lag eine Dringlichkeit, die in mir Dinge weckte, die ich vor langer Zeit begraben hatte. Ich verspürte den irrationalen Impuls, strenger mit ihm zu sein.

»Ich sehe keinen Grund dazu.«

»Der Grund ist, dass du viele Sachen weißt, die ich lernen will.« Ich musste lachen, ernsthaft verblüfft über die Freimütigkeit dieses Satzes.

»Das ehrt mich, aber wenn du das meinst, was ich denke, bist du bei mir falsch. Ich bin keine Fahrschule für kleine Jungs.«

Er brauchte ein paar Sekunden, ehe er verstand, was ich meinte, doch dann entflammte sein Teint, als hätte ich ihn geohrfeigt.

»Was denkst du denn … das meinte ich doch nicht!«

»Was dann?«

»Das, was du heute Abend gemacht hast, zum Beispiel. Die Stille, die herrschte, während du gespielt hast. Wie du es geschafft hast, dass alle aufmerksam waren. Das Gefühl von Kraft zu vermitteln, von etwas Besonderem …«

Ich ließ mich gegen die Stuhllehne sinken und tat, als wäre nichts Absurdes an dem, was er da sagte. Acht Jahre waren vergangen, seit ich zum letzten Mal einen Schüler angenommen hatte, und ich hatte mir selbst geschworen, dass es nie wieder passieren würde, doch genau das war es, worum der Junge mich bat, ob er sich dessen bewusst war oder nicht. Er wollte, dass ich ihn begleitete, auch wenn er noch nicht wusste, wohin.

Ich betrachtete ihn lange schweigend, und er versuchte, meinem Blick standzuhalten. Er war jung genug, um mein Sohn zu sein, wenn ich Kinder hätte haben wollen. Es gab sogar eine Zeit, in der ich unbesonnen genug gewesen war, mir welche zu wünschen, mir die Rundung meines Bauches vorgestellt hatte, von Namen phantasiert hatte, von einer Zukunft, von besseren Vätern als dem, den ich gehabt hatte. Doch dann begann ich die Kinder der anderen mit der gleichen Vorsicht zu betrachten wie eine Sonnenfinsternis, niemals zu lange und niemals ohne Filter. Keinem hatte ich erlaubt, mich ›Tante‹ zu nennen, und mich so vor grotesken Inszenierungen vorgetäuschter Mütterlichkeit bewahrt, der andere kaum entgehen. Dass ich keine Kinder bekommen habe, ist kein Zufall. Solche wie ich bekommen nie welche.

»Das, was du lernen willst, kann dir niemand beibringen.«

»Aber irgendwie hast du es doch auch gelernt.«

»Ich habe nicht gesagt, du kannst es nicht lernen, sondern dass es dir niemand beibringen kann.«

»Dann gib mir doch die Chance, zu lernen ... Ich verspreche dir, normalerweise bin ich aufgeweckter als heute.«

Seine Unverschämtheit wirkte weiterhin eher amüsant als arrogant, und ich kam nicht umhin, darin mich selbst zu erkennen, mein jüngeres und leichtfertigeres Selbst, bereit, sich an jedes Leben zu klammern, das auch nur ein wenig besser zu sein scheint als das eigene. Es hätte nichts genützt, ihm all das aufzulisten, was ich dafür bezahlt hatte, um das zu erreichen, was er wie durch Osmose aufzusaugen hoffte. Nicht mal ich selbst kannte alle Posten, und außerdem würde er früher, als er ahnte, noch selbst darauf kommen. Etwas sagte mir, dass es interessant werden könnte, seinen Weg zu verfolgen. Ich glaube, in diesem Augenblick beschloss ich, ihm eine Chance zu geben.

»Was machst du Donnerstag früh um neun?«

»Nichts Besonderes ...« Ich erhob mich, und auch er stand auf, jetzt war er angespannt und verlegen.

»›Nichts Besonderes‹ ist die falsche Antwort. Ich erwarte dich im Café an der Ecke zur Piazza Costituzione. Zieh dir was Nettes an. Etwas anderes als heute.«

Die Kraft, die es ihn kostete, seine Begeisterung in angemessenen Grenzen zu halten, berührte mich erneut und ließ mich die Bedeutung dessen vergessen, auf das ich mich eben eingelassen hatte. Gegen meinen Willen erwiderte ich sein Lächeln, doch ich konnte nicht aus dem Lokal gehen, ohne wenigstens einen kleinen Schatten zurückzulassen.

»Sei pünktlich, Chirú. Ich verabscheue Leute, die keinen Respekt vor der Zeit haben.«

Die Koseform, die mir da entschlüpfte, zeigte mir unmissverständlich, wie bröckelig die Härte war, die ich zur Schau stellte.

ANDREA CAMILLERI
Ich komme durchs Fenster

Das sagt jemand, der unter bestimmten Umstän-
den gegen den Strom zu schwimmen bereit ist.
Doch der Sinn umfasst wesentlich mehr.

Peppi Nicotra, ein Dockarbeiter, heiratete
zwanzigjährig Giovannina Sirchia, die von vielen
als Frau fürs Bett bezeichnet wurde, allein schon
wegen der Art, wie sie redete, blickte und ging.
Eine Woche nach der Hochzeit wurde Peppi wegen eines Streits in der Osteria, bei dem es einen
Toten gab, verhaftet, vor Gericht gestellt und zu
zehn Jahren verurteilt.

Ein paar Monate lang blieb Giovannina ihm
treu, dann aber gab sie denen recht, die es immer schon wussten: Sie ließ sich mit einem jungen
Mann aus dem Ort ein, und auf diesen folgten
noch viele andere.

Die Frau wohnte in einem Häuschen, das nur ein
Erdgeschoss hatte, in der Nähe der Mole. Peppi
hatte es mit eigenen Händen im Hinblick auf seine

bevorstehende Heirat gebaut. Und obwohl er im Gefängnis saß, erfuhr Peppi sofort alles über den Treuebruch seiner Frau, aber wie es aussah, kümmerte ihn das nicht sonderlich: Er wollte lediglich, dass Giovannina ihn nicht mehr besuchte.

Als der Betrogene zehn Jahre später wieder in die Freiheit entlassen wurde, erwartete jeder im Ort das klassische Verbrechen aus verletzter Ehre, und wenn schon nicht an den Liebhabern, die, offen gestanden, einfach zu viele waren, dann zumindest an der untreuen Ehefrau. Aber diese Erwartung wurde enttäuscht. Peppi zog ins Haus seiner Mutter und redete nicht mehr von Giovannina.

Doch nach einer gewissen Zeit bekam man mit, dass Peppi seine Frau wieder aufsuchte, er ging nachts zu ihr und behandelte sie wie die anderen Männer auch, nämlich wie eine Frau, die einem hin und wieder Gesellschaft leistete. Mit seiner allgemeinen Achtung und Wertschätzung ging es schnell bergab, denn, so war die einhellige Meinung, er habe nicht nur die Situation hingenommen, sondern besuche sogar die Frau, die ihm die Hörner aufgesetzt hatte.

Der, welcher Giovanninas erster Liebhaber war, bat ihn einmal, ihm das zu erklären, und Peppi antwortete ganz ruhig:

»Giovannina habe ich als Ehefrau ja gar nicht genießen können, zwischen der Hochzeit und dem Gefängnis war die Zeit viel zu kurz. Und daher hatte ich, als ich herauskam, wieder Lust auf sie. Und so bin ich eines Nachts zu ihr gegangen. Das ist alles. Nur, dass ich durchs Fenster eingestiegen bin.«

»Wieso denn das?«

»Durch die Türe treten doch nur die Ehemänner ein, oder etwa nicht?«

»Natürlich. Wie denn sonst?«

»Aber ich komme jedes Mal durchs Fenster, wie ein Liebhaber. Ihr alle, die ihr durch die Türe eintretet, um Giovannina zu besuchen, seid ihre Ehemänner, ich bin nur der Liebhaber. Und damit bin ich es auch, der euch allen die Hörner aufsetzt.«

Man fing an, anders über ihn zu denken. Und es ist sicher nicht nötig hinzuzufügen, dass Peppi Nicotra von seinem Landsmann Luigi Pirandello nie etwas gehört oder erfahren hat.

TONINO GUERRA
Das Vogelschwirren

Man weiß nicht, woher sie kam. Wahrscheinlich aus Apulien, aus einem der weißen Dörfer, in denen die Sonne sich erbarmungslos in die Straßen ergießt. Sie lebte zurückgezogen in ihrer kleinen Wohnung mit den zwei Fenstern zum Dorfplatz. Sie ging selten aus, nur nachts oder während der Mittagsstunden, in denen die Leute im Schatten sitzen. Sie hieß Teodora wie die byzantinische Königin. Obwohl sie schon dreißig Jahre alt war, war sie noch nie verliebt gewesen und war treu dem zugetan, der ihr die Miete bezahlte und das Notwendigste zum Leben. Jetzt wurde sie von einem ausgehalten, der Frau und zwei Kinder hatte und hin und wieder bei ihr vorbeikam. Teodora kam es darauf an, nicht zu arbeiten, sie spülte nicht einmal die Teller, die sich auftürmten, bis zweimal die Woche eine Putzfrau sie spülte.

Als der Liebhaber in einem Verkehrsunfall ums Leben kam, erfuhr sie es von der Putzfrau. Sie blieb drei Tage im Bett, ohne ein einziges Wort zu sagen.

Am Morgen, an dem sie dabei war, ihre Koffer zu packen in der festen Absicht, in eine große Stadt umzuziehen, klopfte ein achtzigjähriger, noch kräftiger Mann von vornehmem Auftreten bei ihr an. Der Mann, der jetzt den Frieden der Sinne gefunden hatte, wollte einer Frau alle seine Liebesabenteuer erzählen, jedes einzeln, egal ob in der richtigen Reihenfolge oder nicht. Auf diese Weise würde er die schönsten Momente seines Lebens noch einmal durchleben. Aus naheliegenden Gründen war es ihm nicht möglich gewesen, sie seiner Frau zu beichten, noch konnten sie Gesprächsstoff sein, den man an einem Kaffeehaustisch abhandelt. Es bedurfte der richtigen Stimmung und vor allem eines aufmerksamen und teilnahmsvollen Zuhörens. Selbstverständlich war er bereit, eine mehr als beachtliche Summe zu bezahlen. Da er angesichts der Natur der Erzählungen keine groben Wörter gebrauchen wollte, würde er, zum Beispiel, den entscheidenden Moment der Verführung »das Vogelschwirren« nennen. Ohne zu zögern, ging Teodora auf den Vorschlag ein, diese besondere Art von Geliebte zu werden, wenn dies auch den Verzicht auf jede Form von sexueller Beziehung mit sich brachte.

So legten sie sich ein- oder zweimal die Woche ins Bett, als wären sie Mann und Frau, und im Dunkeln erzählte der Alte in allen Einzelheiten eines seiner Liebesabenteuer. Dann stand er auf und ging weg, ohne dass sie sich auch nur berührt hätten. Teodora fand zu ihrer früheren Ruhe zurück und verschlang wieder Comics. Eines Tages verlangte der alte Mann, dass sie in die Stadt fahre und sich ein elegantes Kleid und ein Paar Stiefel aus hellem Leder kaufe. Teodora nahm den Zug und fuhr in die nahegelegene Stadt. Sie kaufte das Kleid und die Stiefel. Das Wichtigste aber war die Begegnung mit einem jungen Mann. Sie verliebte sich leidenschaftlich in ihn, und zum ersten Mal liebte sie. Händehaltend gingen sie spazieren. Dann fuhr sie zurück in die Wohnung im Dorf. Der Alte kam, das Kleid und die Stiefel zu begutachten, und erkundigte sich, wie die Fahrt verlaufen war. Teodora vertraute ihm nicht an, dass sie sich verliebt hatte. Sie kehrte erneut in die Stadt zurück und traf sich heimlich mit dem jungen Mann. Der Alte merkte nichts davon. Am Abend nach diesem zweiten Treffen wollte er Teodora seine wichtigste Liebesgeschichte erzählen. Er sagte, dass er als junger Mann Verkäufer in einem Schuhgeschäft gewesen sei und eine wunderbare Begegnung gehabt habe mit einer Frau, die älter war als er und aus einem Dorf kam. Mit dieser Frau habe es dann eine zweite Verabredung gegeben, bei der sie unter den Laubengängen der Stadt spazieren gingen und sich im Dunkel der Kirche küssten. Teodora hörte im Dunkel mit angehaltenem Atem zu. Alles, was der Alte erzählte, hatte sie mit dem jungen Mann in der Stadt erlebt. Das Aufwühlendste aber war dies: Der Alte begann, das dritte Treffen zu erzählen, das Teodora noch nicht gehabt hatte und das möglicherweise den zukünftigen Verlauf ihrer Beziehung zu dem jungen Mann enthielt. Der Alte sagte, das dritte Treffen habe damit begonnen, dass er die Frau angerufen habe, um ihr zu sagen, dass er ins Dorf gekommen sei und mit ihr schlafen wolle. Der Alte hörte auf zu erzählen, denn in der kleinen Wohnung klingelt das Telefon. Es ist der junge Mann, der vom Bahnhof aus anruft, um ihr mit denselben Worten mitzuteilen, was der Alte dem Mädchen eben gesagt hat. Sie legt den Hörer auf und dreht sich zu dem Mann hin. Das Zimmer ist dunkel und Teodora weiß nicht mehr, ob neben ihr der junge Mann liegt oder ob sie in der Vergangenheit des Alten lebt. Sie nähert sich diesem Körper, den sie jung empfindet beim »Vogelschwirren«.

LUIGI MALERBA

Die Dame vom WWF

Ich schlug ihr fast jeden Tag vor, davonzulaufen und gemeinsam im afrikanischen Urwald zu leben. Ich wusste von ihrem ökologischen Engagement, ich glaube, sie hatte eine Aufgabe beim ›World Wildlife Fund‹, sie liebte wilde Tiere, Krokodile und Schlangen inbegriffen. Sie zögerte, auch wenn sie der Vorschlag verlockte, dessen bin ich mir sicher. Mir gefällt der Kastanienwald am besten, sagte ich, nicht nur wegen der Schönheit der Bäume, sondern auch aus Gründen des Überlebens. Sowohl gebraten als auch gekocht sind Kastanien sehr nahrhaft, und auf Kastanienkuchen mit Pinienkernen bin ich ganz scharf. Ich auch, sagte die Dame vom WWF. In den Kastanienwäldern, sagte ich, wachsen auch Pilze, Steinpilze und Kaiserlinge, die man ganz einfach auf der Glut kochen kann, mit einer Prise Salz und sonst nichts. Während ich ihr von den Pilzen erzählte, sah ich, wie ihre Augen zu leuchten begannen, sie äußerte sich nicht, aber offenbar sagten ihr Pilze sehr zu. Ich habe gehört, dass Frauen mit Temperament auch gerne essen.

Ich glaube, in Afrika gibt es keine Kastanienwälder, sagte sie, man müsste sich informieren. Ich gebe mich auch mit einem Wald zufrieden, in dem man Bananen und Kokosnüsse findet, sagte ich, mit dir gehe ich in jede Art von Wald, denn ich liebe dich. Aber Kokosnüsse aß sie nicht gerne und Bananen auch nicht besonders. Und ich sagte, warum nehmen wir eigentlich an, dass es in Afrika keine Restaurants gibt? Bestimmt gibt es irgendeinen Wald mit einem Restaurant in der Nähe, wo wir uns die Mahlzeiten nach unserem Geschmack zubereiten lassen, das halte ich für die beste Idee, und nach dem Essen gehen wir wieder in den Wald zurück und leben als Wilde, ich und du, wir zwei allein, und wälzen uns nackt auf einem Bett aus Blättern, wie zwei Affen. Wenn wir wollen, können wir auch eine Decke mitnehmen, die wir über die Blätter legen, und eine Zahnbürste. Im Übrigen aber können wir von morgens bis abends nackt herumlaufen, denn in Afrika ist es heiß. Wir müssen bloß auf Schlangen achtgeben und auf gewisse gierige menschenfressende Ameisen, die einen Menschen im Handumdrehen bis auf die Knochen abnagen können. Aber auch auf viele andere wilde Tiere muss man achtgeben, zum

Beispiel Löwen, Tiger, Jaguare, Leoparden und gewisse wilde Affen, deren Krallen so scharf sind wie Messer. Kurz und gut, ich schlug ihr vor, davonzulaufen und im Urwald zu leben, aber ich hatte absolut keine Lust, von den Ameisen gefressen oder von einem Jaguar zerfleischt zu werden. Ich auch nicht, sagte die Dame vom WWF, ich auch nicht. Irgendwann, als ich ihr die tropischen Krankheiten aufzählte, über die ich mich sehr sorgfältig in einer medizinischen Zeitschrift informiert hatte, unterbrach sie mich und sagte, niemand zwinge uns, gerade nach Afrika zu gehen, wo so viele Gefahren für unsere Gesundheit lauerten, es gäbe doch auch woanders wunderschöne Wälder, zum Beispiel in Kärnten in Österreich oder im Schwarzwald in Deutschland.

In Österreich und in Deutschland ist es kalt, sagte ich, wir können nicht nackt herumlaufen, wie wir gerne möchten. Somit haben wir sowohl Österreich als auch Deutschland ausgeschieden und beschlossen, es sei wohl am klügsten, sich für einen italienischen Wald zu entscheiden, zum Beispiel für den Gargano. Der Gargano hätte den Vorteil, dass man ihn zur Gänze im Auto durchqueren kann, es gibt eine schöne asphaltierte Straße, und wenn man stehenbleibt, kann man die Rehe beobachten, die unter den Bäumen umherspringen, und hunderttausend Vögel, die von einem Ast zum anderen hüpfen oder im Gebüsch umherflattern. Leider gibt es am Rand dieser Straße ein zwei Meter hohes Drahtnetz, das die Leute beim Betreten des Waldes hindern soll; ihr vom WWF lasst diese Netze aufstellen, sagte ich, die Natur zu schützen ist ja schön und gut, aber es ist nicht richtig, den ganzen Wald den Tieren zu überlassen und den Menschen auszusperren, der in gewisser Hinsicht ja der König der Tiere ist. Sie lachte, aber ich sagte, da gäbe es gar nichts zu lachen, denn es gäbe ja auch Menschen wie uns, die wie die Wilden in der freien Natur leben möchten und von diesen zwei Meter hohen Netzen daran gehindert würden.

Weißt du, was ich meine? sagte nun die Dame, der ich vorgeschlagen hatte, davonzulaufen und im Wald zu leben, ich sage dir, dass es in Manziana oberhalb des Bracciano-Sees, ungefähr dreißig Kilometer von Rom entfernt, einen wundervollen Wald mit hundertjährigen Eichen gibt. Der Gargano ist weit weg, ungefähr sechs- oder siebenhundert Kilometer, und bei den heutigen Benzinpreisen und der Autobahngebühr ist das nicht zu unterschätzen, während man nach Manziana eine knappe halbe Stunde fährt. Es gibt dort diesen Wald mit den hundertjährigen Eichen, Vögel aller Art, Eichhörnchen, die von einem Ast zum anderen hüpfen, Hasen, Igel, Murmeltiere, Eidechsen und Salamander. Natürlich gibt es auch Ameisen, Spinnen, Nattern, Skorpione und Schlangen, sagte ich, aber wir brauchen ja nur achtzugeben, dass sie uns nicht beißen. Außerdem können wir auch Stiefel anziehen, sagte ich, niemand hindert uns daran. Im Wald von Manziana, sagte meine Freundin, gibt es jede Menge Wege und Straßen, die man auch mit dem Auto befahren kann, ich weiß das, denn dort fahren immer die Leute vom Film hin, wenn sie einen Wald für einen Kostümfilm brauchen. Aber wie sollen wir da nackt herumlaufen, sagte ich, wenn die Leute vom Film da sind, geniere ich mich. Da hast du Recht, sagte sie, und außerdem besteht die Gefahr, dass wir einen Bekannten treffen, zum Beispiel einen Freund meines Mannes, der dort am Sonntag ein Picknick mit der Familie macht. Samstags und sonntags ist der Wald voller Touristen, die die frische Luft genießen und Blumen pflücken, was eigentlich verboten ist, denn es gibt dort sehr seltene Blumen, die man nicht berühren darf, sonst fällt der Samen nicht in die Erde und im Jahr darauf wachsen sie nicht nach. Es gibt auch Schmutzfinken, die biologisch nicht abbaubare Plastik- oder Glasflaschen auf den Boden werfen, Leute, die nicht einmal wissen, was Ökologie ist.

Und ich sagte, man müsste die Touristen zwingen, sich nackt auszuziehen, wenn sie den Wald betreten, denn der nackte Mensch ist im Fall des Falles biologisch abbaubar. Wenn ich es darauf anlege, bin ich ökologischer als die vom WWF. Adieu, Leben in der Wildnis, sagte ich, ich fürchte, wir müssen darauf verzichten, nackt in der freien Natur, im Wald zu leben. Unter uns gesagt, war dieser Vorschlag, in der Wildnis zu leben und nackt im Wald herumzulaufen, sei es auch nur in einem italienischen Wald, eine romantische Idee, um diese ökologische Dame, die die Natur und die Tiere liebt, zu verführen. In Wirklichkeit halte ich nicht einmal Mücken aus, und wenn ich einen Skorpion sehe, beginnen mir die Knie derart zu schlottern, dass ich mich kaum noch auf den Beinen halten kann. Ich bin gewiss nicht dazu geeignet, wie ein Wilder inmitten der abertausend Gefahren des Waldes zu leben. Aber einer Frau gegenüber würde ich meine Schwächen nie eingestehen, ich werde nie erzählen, dass ich einmal nach einem Wespenstich ohnmächtig wurde.

So beschlossen wir, einen Spaziergang durch den Park der Villa Borghese zu machen. Es hat keinen Sinn, eine so weite Reise zu machen, sagten wir uns, wenn wir einen so wunderbaren Park in greifbarer Nähe haben. In der Villa Borghese gibt es hundertjährige Bäume, römische Pinien, Stein-eichen, Linden, Platanen und eine Allee riesiger Magnolien, außerdem zwei Teiche mit Goldfi-schen und eine Unmenge von kleinen Vögeln, die in den Zweigen zwitschern. Zum Glück gibt es we-der Schlangen noch Jaguare und Krokodile und auch nicht diese wilden Affen, deren Krallen so scharf sind wie Messer. Wenn man sich auf den Boden legt, muss man zwar auch aufpassen, denn leider kann sich im Gras immer eine Schlange verstecken, und gewiss gibt es auch Ameisen und abertausende gefährlicher Insekten. Aber sie sind jedenfalls nicht so gefährlich wie die afrikanischen.

Ich steckte mir einen Regenmantel aus Plastik in die Tasche, einen von denen, die man ganz klein zusammenfalten kann, und als wir eine einsame Gegend hinter dem Prato dei Cani erreichten, sagte ich, sieh mal, was für ein glücklicher Zufall, ich habe diesen Regenmantel in der Tasche, den wir auf den Boden legen können. Also versteckten wir uns hinter einem großen, blühenden Pythos-foros-Strauch, der sehr stark, wenn nicht gar zu stark duftete, denn ich leide an einer Allergie und begann sofort einige Male zu niesen. Aber ich sor-ge vor und im Frühjahr habe ich immer ein paar Antihistamintabletten in der Tasche, und so habe ich diese kleine Unannehmlichkeit aus der Welt geschafft, und wir begannen mit Zärtlichkeiten und kleinen erotischen Spielen. Wie schön doch die Natur ist, sagte ich, riech einmal, wie die Bäume duften, sieh einmal, in wie vielen Grün-Tönen die Blätter leuchten, wie angenehm ist es doch mitten im Wald, weit weg von den Autos, weit weg von der Zivilisation, und derweil ließ ich meine Hand zärtlich auf und ab wandern, und sie seufzte und erschien mir sehr glücklich. Hätte ich nicht gefürchtet, ein streunender Hund könnte auftauchen, während wir eng umschlungen nach Luft rangen, wäre auch ich glücklich gewesen.

GOFFREDO PARISE
Bacio – Kuss

An einem Sommertag ging eine fünfzigjährige Frau mit einem besonders schönen griechischen Namen an einem Fluß entlang, und während sie eine Wiese mit hohem Gras und Pappeln jenseits des Wassers betrachtete, erinnerte sie sich an einen Kuss.

Sie war zwanzig Jahre alt, er dreizehn, und sie lebten in einer alten italienischen Stadt. Der Junge war der ›beste Freund‹ ihres Bruders geworden, aber sie hatte ihn nie gesehen, nur gehört und ihn sich vage vorgestellt, wenn sie in ihrem Zimmer saß und Infinitesimalrechnung betrieb (sie war die Beste an der Fakultät für Physik), während die beiden Freunde an der Haustür tuschelten. Er war ihr nicht sympathisch: Die Jungen verbrachten zu viel Zeit miteinander, sie hießen Achilles und Patroklos (ihr Bruder war Patroklos, aber es wäre ihr lieber gewesen, ihr Schützling wäre Achill). Ihre Spiele, die alle sein neuer Freund erfand, waren gefährlich und eigenartig. Einmal kam eine Dame ins Haus, um sich zu beschweren: Sie gingen auf den Dächern und den Bäumen in den Gärten spazieren, sie sprängen von Dach zu Ast bis in die großen Eichen drüben im Park.

Der Bruder redete den ganzen Tag vom Bau einer gewissen *tavern of Jamaica*, aus kleinen Ziegeln, mit Fenstern und winzigen Möbeln, mit der sie sich seit einem Monat beschäftigten. All diese Arbeit, nur um sie in einer Gewitternacht ins Feuer zu werfen und zuzuschauen, wie sie verbrannte. Wer weiß, warum es ihr lieber gewesen wäre, dass diese Freundschaft zu Ende gehen und sie ihn nie sehen würde: Stattdessen sah sie ihn am Weihnachtstag des Jahres 1943, ein paar Minuten nach dem ersten Bombenangriff ihres Lebens: Sie kam zitternd ins Haus, und er rannte hinaus. Aus Angst oder vielleicht aus Erleichterung, sich lebend zu begegnen, fielen sie sich, als hätten sie sich gesucht, in die Arme, und sie erkannten einander, obwohl sie sich vorher nie gesehen hatten. Aber das genügte nicht, um die Abneigung zu überwinden.

Der Krieg ging weiter, sie zog mit ihrer Familie in eine große Villa auf dem Land, die ›beiden Heroen‹ wurden voneinander getrennt, mit Abschiedsszenen und Tränen, aber die Freundschaft war so groß, dass sie einen Weg fanden, wieder zusammenzukommen, auch der Junge zog mit seiner Familie aufs Land, in ein kleines Bauernhaus in nächster Nähe der Villa.

Die Jungen bewegten die Pferde und striegelten sie danach, nachmittags schliefen sie Arm in Arm und verschwitzt im Heu; wenn die Sonne unterging, stiegen sie auf die Dächer, um die Pfauen zu zähmen, abends bauten sie an einem Schiff namens *Marianna* (wie die *praho* von Sandokan), das, einmal fertig und in einem Kanal vom Stapel gelassen, mit Hilfe einer Reihe winziger Kanonen versenkt werden sollte. Wozu diese Manie, mit großer Begeisterung etwas zu bauen und dann zu zerstören, fragte sie sich, und dies ließ etwas wie eine Ahnung, zugleich betrübt und lebensfroh, von der Existenz gewisser Dinge in ihr aufkommen, die sie mittels ihrer so lieben und präzisen Gleichungen nicht beweisen konnte. Aber eines frühen Morgens sah sie den Jungen in einem Auto, totenbleich und vom Schmerz abgemagert, während sie ihn ins Krankenhaus brachten, sie glaubte, er wäre tot, küsste ihn auf den Kopf und lief den ganzen Tag weinend durch die Felder. Er starb jedoch nicht (er hatte seltsame Würmer, die der Medizin unbekannt waren), und sie lachten miteinander, als sie ihn mit ihrem Bruder besuchte, welcher weinte. Er wurde wieder gesund, und sie wurde ihm gegenüber hochmütig wie zuvor. Eines Tages betrachtete sie sich in einem großen Spiegel, und als sie den Jungen bemerkte, der sie beobachtete, spürte sie für einen Augenblick in sich maßlose und staunende Eitelkeit, die sich auch auf ihrem Gesicht zeigte. Der Junge nahm diesen Augenblick wahr (über den sie selbst staunte und errötete), und er war überzeugt, dass er ihn verursacht hatte.

Sie hatte einen Verlobten, einen Medizinstudenten, der Offizier in Griechenland war; sie schrieben sich, und in der Familie hieß es, sobald Krieg und Studium beendet seien, würden sie heiraten. Der Junge stahl diese Briefe und las sie im Heu versteckt in einem Stall; dann brachte er sie an ihren Platz zurück, sie sah ihn, im Schatten ihres Zimmers verborgen, sagte aber nichts. Der Junge las aus den Briefen, dass vielleicht der Verlobte sie liebte, aber sie nicht den Verlobten.

Eines Tages bat sie ihn, ihr zu helfen, das Haar in einem Brunnen zu waschen: Der Junge wusch und bürstete in der Sonne ihre Haare, die kurz, tiefschwarz und sehr lockig waren, aber sein Herz klopfte heftig, seine Hände zitterten und er dachte voll tiefer Scham, dass er verliebt sei. Aber was war Liebe überhaupt? Jeder der beiden fragte es sich, ohne es vom anderen zu wissen. Sich die Frage mit »sie ist es« zu beantworten, war für den Jungen unmöglich, verworren, verboten. Für sie, die, wenn sie ihn sah, ein Unbehagen verspürte, das der Freude sehr nahekam, war Liebe eine ›ernste‹ Sache, die sich später, mit der Rückkehr des Verlobten aus dem Krieg, schon einstellen oder aber ganz plötzlich von irgendwoher kommen würde.

Leider erschien sie, oder sie glaubte, sie erscheinen zu sehen, in Form eines jungen deutschen Hauptmanns, einer Art Zigeuner mit tiefschwarzen Augen, der mit großem Gepolter daherkam, um die Villa zu beschlagnahmen. Dann erschienen die Soldaten, und ihre Familie zog in einen Flügel neben der Scheune. Die Deutschen töteten, als gar nicht die richtige Zeit dazu war, Schweine mit schnellen Revolverschüssen in die Stirn, nachts geboten sie den Vorübergehenden Halt und schossen, sie veranstalteten Tanzfeste, an denen nahm sie teil in einem Kleid aus plissiertem Organza, aber der Junge wollte sie nie sehen. Eines Abends sah er sie im Schatten, hörte das Rascheln des Plissees und hielt die ganze Zeit den Atem an. Die Pfauen verließen das Dach der Villa, sie hörte ihren Schrei sich in die Nacht entfernen, während sie wach lag und an den deutschen Hauptmann dachte (er hieß Werner), der im schwarzen Slip, wie eine Schlange in der Sonne ausgestreckt, die Pistole am Gurt auf der schwarzen Haut, sie mit einem gewissen Lächeln ansah, wenn sie vorbeiging. Vor diesem Lächeln machte sie ein Gesicht wie vor dem Spiegel, maßlos eitel, und doch hätte sie alles getan, was er wollte.

Es geschah auch etwas an einem Nachmittag, unzählige Zikaden lärmten in den Kornspeichern der Villa, es hatte mit zahlreichen Kämpfen, Schwitzen und Kratzen zu tun. Aber von diesem Tag an war sie traurig und verändert, sie sah jenen Werner, der Zigarren rauchte und lachte, nicht mehr an und lief für drei Tage von zu Hause fort, sie wollte sich freiwillig zum Hilfskorps der Republik von Salò melden. Sie kehrte jedoch zurück, und als sie voller Freude den Jungen wiedersah, kam ihr der Gedanke: »Was ist nur mit mir los? Er ist doch sieben Jahre jünger als ich.«

Ihre Familie zog überraschend nach Mailand, der Krieg ging zu Ende, die Freundschaft der beiden Jungen hatte in jenem Sommer den Hochpunkt der Parabel schon überschritten, zwei Jahre lang sahen sie sich nicht mehr. Er vergaß schnell und fing an, sich mit Mädchen seines Alters zu treffen; als sie wiederkam, erinnerte er sich an fast nichts mehr, aber sie trafen sich trotzdem wieder, sie sprachen vom Sommer auf dem Land während des Krieges, als ob viele Jahre vergangen seien. Beide hätten sie mehr über jene Tage sagen wollen, aber sie hielten inne mit dem Gefühl, dass man nicht mehr sagen konnte. Dieses ungesagte ›Mehr‹ bewirkte, dass sie sich abends immer häufiger trafen, und der Junge, der ›groß‹ geworden war (er war sechzehn Jahre alt), fuhr sie auf der Stange seines Fahrrads spazieren. Er wusste, dass der Verlobte aus Griechenland zurückgekehrt war, dass sie sich aber voneinander getrennt hatten. Sie wollte in diesem Jahr ihr Examen ablegen, sie sprachen viel von Dingen, die ihnen höchst wichtig erschienen, und sie gab sich den Anschein einer rationalen Skeptikerin, um ihm, der die Vernunft immer als unzureichend und oft als erbärmlich befand, etwas entgegenzusetzen. Er besuchte die Oberschule und las viel, sie behauptete, Hegel zu mögen (aber das war nicht wahr, sie wusste nichts über Hegel), er sagte, er möge ihn nicht. Über Marx sprach man damals unter jungen Leuten weniger, man hatte nur vage Kenntnisse über ihn, jedenfalls skizzierten sie ihn nur grob und ›übersprangen‹ ihn. Ihre Familie war auf Seiten der Faschisten gewesen, sein Großvater war Anarchist, und der Enkel mehr oder weniger auch. Zwar erinnerte er sich an den Satz ›Eigentum ist Diebstahl‹, den er in frühester Kindheit gehört hatte, aber er verwendete ihn nicht; auch wenn etwas Wahres daran war, erschien es ihm falsch, den Satz auszusprechen.

Es geschah, dass sich der Junge auf einen Schlag bis über beide Ohren in eine ›blonde Signora‹ verliebte, der alle Schüler nachschauten, seine Chancen standen gut, aber das, was alle Schulkameraden vermuteten, tat er mit der ›blonden Signora‹ nicht. Er tat es deshalb nicht, weil er an sie dachte und sich schämte. Auch sie dachte an ihn. Eines Tages sah sie, wie er das Haus der ›blonden Signora‹ verließ, er trug kurze Cordsamthosen, Tennisschuhe und eine leichte, ein wenig ausgebleichte Jacke aus blauem Baumwollstoff mit Reißverschluss. Sie erröteten, sie neigte den Kopf, der Junge lief in seinen Tennisschuhen lautlos hinter ihr her, sie tat, als ob nichts wäre, begriff aber, dass jenes so komplizierte und nicht sagbare ›Mehr‹ in Wirklichkeit etwas ganz Einfaches war. Eines Tages sagte sie: »Zwischen uns gibt es etwas, das mehr ist als Freundschaft.« Sie dachte aber: »Wie ist das möglich? Er ist sieben Jahre jünger als ich, ich bin eine Frau, und er ist ein Kind.«

Sie begannen, sich bei den Händen zu halten, das dauerte zwei Monate und länger, und eines Abends, als sie im Gras unter einer Pappel an einem Fluss lagen, sprachen sie nicht und hielten sich auch nicht an den Händen. Der Junge sagte sich: »Jetzt küsse ich sie«, und sie dachte, er würde sie küssen, sie wartete darauf und stellte es sich vor. Aber es vergingen mehr als zwei Stunden, tout était dans l'air, nichts geschah, und sie drehte den Kopf zur Seite, kaute an einem Grashalm und dachte: »Ich wusste es, es geht einfach nicht, er ist sieben Jahre jünger als ich, und ich gefalle ihm nicht, weil ich zu alt bin.« Aber der Junge drehte sich um, und mit einer Bestimmtheit, die ihr grenzenlos erschien, nahm er den Grashalm aus ihrem Mund und legte seine geschlossenen Lippen auf die ihren.

AUTOREN UND QUELLEN

ANDREA CAMILLERI, 1925 in Porto Empedocle in der sizilianischen Provinz Agrigento geboren, lebte in Rom, wo er 2019 starb. Bekannt durch seinen Kriminalkommissar Montalbano und die historischen Romane u.a. *Die Mühlen des Herrn.* – *Ich komme durchs Fenster* stammt aus dem Band *Fliegenspiel. Sizilianische Geschichten*, © 2000 Verlag Klaus Wagenbach, Berlin. Übersetzt von Moshe Kahn.

CAMILLA CEDERNA, geboren 1911 in Mailand, 1997 gestorben in Rom. – *Die nervige Geliebte* aus *Il lato debole*, abgedruckt in *Signora, Signorina*, © 2005 Verlag Klaus Wagenbach, Berlin. Übersetzt von Marianne Schneider.

GIANNI CELATI, geboren 1937 in Sondrio, lebt in Brighton, England, und Bologna. Schriftsteller und Übersetzer – *Geschichte einer Rennfahrerin und ihres Verehrers* ist aus dem Band *Erzähler der Ebenen*, © 1986 Verlag Klaus Wagenbach, Berlin. Übersetzt von Marianne Schneider.

TONINO GUERRA, geboren 1920 in Santarcangelo di Romagna, 2012 dort gestorben. Drehbuchautor und Lyriker. – *Das Vogelschwirren* aus *Signora, Signorina*, © 2005 Verlag Klaus Wagenbach, Berlin, © Tonino Guerra. Übersetzt von Elsbeth Gut Bozzetti.

LUIGI MALERBA, 1927 in Berceto bei Parma geboren, gestorben 2008 in Rom. Schriftsteller, Hörspiel- und Drehbuchautor – *Die Dame vom WWF* ist aus dem Erzählband *Silberkopf*, © 1989 Verlag Klaus Wagenbach, Berlin. Übersetzt von Karin Fleischanderl.

FRANCESCA MELANDRI, geboren in Rom, wo sie auch heute lebt. Bekannt durch ihre drei Romane *Eva schläft*, *Über Meereshöhe*

und *Alle, außer mir. – Gerda und Vita* (Titel der Herausgeberin)
ist ein Ausschnitt aus dem Roman *Eva schläft*, © 2018 Verlag Klaus
Wagenbach, Berlin.
Übersetzt von Ulrich Genzler.

ELSA MORANTE, geboren 1912 in Rom und 1985 dort gestorben.
Für *Arturos Insel* erhielt sie 1957 den Premio Strega. – *Die Katastrophe* ist der letzte Abschnitt des 5. Kapitels des Romans *Arturos Insel*, © 2005 Verlag Klaus Wagenbach, Berlin.
Übersetzt von Susanne Hurni-Maehler.

ALBERTO MORAVIA, 1907 in Rom geboren, wo er 1990 starb.
Bekannt u.a. durch die Romane *Die Gleichgültigen*, *Der Konformist*, *Die Verachtung*. – *Hirngespinst* stammt aus dem Erzählband *Das Paradies*, © 1975 Rowohlt Taschenbuch Verlag, Reinbek.
Übersetzt von E. A. Nicklas.

MICHELA MURGIA, 1972 in Cabras, Sardinien, geboren, lebt in
Rom. Bekannt geworden mit ihrem Roman *Accabadora*. – *Chirú*
(Titel der Herausgeberin) ist ein Ausschnitt aus dem Roman *Chirú*,
© 2017 Verlag Klaus Wagenbach, Berlin.
Übersetzt von Julika Brandestini.

GOFFREDO PARISE, geboren 1929 in Vicenza, starb 1986 in Rom. –
Bacio – Kuss ist aus dem berühmtesten Buch Parises, dem *Alphabet der Gefühle*, © 1996 Verlag Klaus Wagenbach, Berlin. Übersetzt von Christiane von Bechtolsheim.

LEONARDO SCIASCIA, geboren 1921 in Racalmuto, Sizilien,
gestorben 1989 in Palermo. Bekannt durch seine Mafia-Romane
Jedem das Seine, *Tag der Eule* und *Der Zusammenhang*. – *Besuch bei der Geliebten* (Titel der Herausgeberin) ist ein Ausschnitt aus dem Roman *Der Ritter und der Tod*, © 1996 Verlag Klaus Wagenbach, Berlin.
Übersetzt von Peter O. Chotjewitz.

NOCH MEHR DaCapo ...

Natalia Ginzburg *Drei kleine Tugenden*
Die große italienische Autorin erklärt, warum wir die großen Tugenden wie Großzügigkeit den kleinen Tugenden wie Sparsamkeit vorziehen sollen.
Aus dem Italienischen von Maja Pflug

Ermanno Cavazzoni *Idioten!*
Kurze Lebensläufe
Lakonische und gewitzte Geschichten von seltsamen Leuten, die uns das Lachen lehren.
Aus dem Italienischen von Marianne Schneider

Djuna Barnes *Stolze Frauen mit Vorurteil*
Stolz sind sie, die Frauen, leidenschaftlich, eigenwillig und meinungsstark, über die die emanzipierte Exzentrikerin schreibt.

Die Reihe DaCapo wird herausgegeben von Susanne Schüssler.

Der Verlag bedankt sich bei den auf den Seiten 76/77 genannten Autoren, Verlagen und Rechteinhabern für die freundliche Genehmigung des Abdrucks.

© 2019 Verlag Klaus Wagenbach,
Emser Straße 40/41, 10719 Berlin
www.wagenbach.de
Umschlaggestaltung Julie August. Gesetzt aus der Futura. Vorsatz- und Überzugsmaterial von peyer graphic, Leonberg. Gedruckt auf Schleipen und gebunden bei Kösel, Krugzell. Printed in Germany. Alle Rechte vorbehalten.

ISBN 978 3 8031 3318 2